AF358022

CATALOGUE

DE LIVRES

DE LITTÉRATURE ET D'HISTOIRE

Dont la vente aura lieu le mercredi 4 décembre 1867
à 7 heures du soir,

Rue des Bons-Enfants, 28 (maison Silvestre)

Par le ministère de Mᵉ DELBERGUE-CORMONT, commissaire-priseur
Rue de Provence, 8.

Il y aura quelques lots à la fin de la vacation

Vie de J.-C. par Brispot. — Endlicher.
Historia cœlestis, auct. Flamsteed, 3 v. in-fol.
Onze cents brochures.
Rome au siècle d'Auguste.
L'Ami du peuple, par Marat. — Mémoires
des Académies.
Histoire littéraire de France, etc., etc.

PARIS

ADOLPHE LABITTE, LIBRAIRE

QUAI MALAQUAIS, 5.

—

1867

CONDITIONS DE LA VENTE.

Les acquéreurs payeront 5 p. °/₀ en sus des enchères.

Il y aura exposition, de 2 à 4 heures, des livres qui seront vendus le soir.

CATALOGUE

DE LIVRES.

1. Les Quatre Livres des Rois, traduits en français du xiie siècle, suivis d'un choix de sermons de saint Bernard, publiés par Le Roux de Lincy. *Paris, Imp. roy.*, 1841, in-4, cart.

2. La Vie de N.-S. Jésus-Christ, par l'abbé Brispot. *Paris*, 1853, 2 vol. in-fol. d.-rel. mar. n. (130 *figures sur chine*.)

3. Le Christ, par Émile Barrault. *Paris*, 1865, in-8, br.

4. Histoire de la théologie chrétienne au siècle apostolique, par Ed. Reuss. *Paris*, 1860, 2 vol. in-8, br.

5. Étude critique sur les rapports supposés entre Sénèque et saint Paul, par Aubertin. *Paris*, 1857, in-8, br.

6. Regula S. P. Benedicti et Constitutiones congregationis S. Mauri. *Parisiis*, 1770, in-8, v. f. tr. dor.

7. Les Confessions de saint Augustin, trad. nouvelle, par Moreau. *Paris*, 1842, in-12, br.

8. Études de théologie, de philosophie et d'histoire, publiées par les PP. Daniel et Gagarin. *Paris, Lecoffre*, 1860-62, 2 vol. in-8, br.

9. Les Horizons du ciel, études sur les futures destinées de l'homme, par Rouzier-Jolly. *Paris, Dentu*, 1856, in-8, br.

10. Missel de J. Juvénal des Ursins, cédé à la ville de Paris par Ambr. Firmin Didot. *Paris*, 1861, in-8, br.

11. Essai de Mythologie comparée, trad. de l'anglais, par Max Müller. *Paris, Durand*, 1859, in-8, br.

12. Jablonski. De Memnone Græcorum et Ægyptiorum. *Francof.*, 1753, in-4, vél.

13. Aperçu des travaux de Rémusat sur le bouddhisme, par Landresse. *Paris, I. R.*, 1836, in-4, br.

14. Li Livres de Jostice et de Plet, publié pour la première fois, par Rapetti, avec un glossaire, par Chabaille. *Paris* 1850, in-4, cart.

15. Institutions provinciales, communales, et corporations
des pays de l'ancienne France à l'avénement de Louis XI
(mémoire qui a obtenu le prix), par Just Paquet. *Paris,*
1835, in-8, br.

> Faux titre déchiré.

16. Des Personnes, choses ecclesiastiques et decimales, auec
un traicté des droits de regale et pension beneficiale, par
Forget. *Rouen,* 1611, pet. in-8, vél. (*Piqûre.*)

17. Questions de littérature légale, par Ch. Nodier. *Paris,
Crapelet,* 1828, in-8, br. (*Rare.*)

18. Essais de morale et de critique, par Ern. Renan. *Paris,
Lévy,* 1860, in-8, br.

19. Géologie pratique de la Louisiane, par Thomassy. *Paris,*
1860, in-4, br. 6 planches.

20. Flore poétique ancienne, ou Études sur les plantes les plus
difficiles à reconnaître des poëtes anciens, par Du Molin.
Paris, J.-B. Baillière, 1856, in-8. br.

21. Enchiridion botanicum exhibens classes et ordines plan-
tarum, authore Endlicher. *Viennæ,* 1841, in-8, br.

22. Bertolonii Miscellanea botanica XVI. *Boloniæ,* 1856, in-4,
br. (*5 planches.*)

23. Histoire des Sciences mathématiques en Italie, par Libri.
Paris, 1836-1841, 4 vol. in-8, br.

> Cet exemplaire contient le tome Ier, incendié en 1836, et sa réimpres-
> sion en 1838. — Ensemble 5 vol.

24. L'Algèbre d'Omar Alkhayyami, publiée, traduite et an-
notée par Woepcke. *Paris,* 1851, gr. in-8, br.

25. Prolégomènes des tables astronomiques d'Oloug-Beg, publiés par Sédillot. *Paris,* 1847, gr. in-8, br.

26. Mémoire sur les instruments astronomiques des Arabes,
par Sédillot. *Paris, Imp. roy.,* 1841, gr. in-4, br.

27. Historia cœlestis britannica, complectens stellarum fixa-
rum et planetarum omnium observationes, observante Flams-
teedio. *Londini,* 1725, 3 vol. in-fol. v. f. figures.

> Ouvrage rare.

28. Tables de la lune, formées par la seule théorie de l'attrac-
tion, par le baron de Damoiseau. *Paris,* 1828, in-fol. br.

29. Traité de météorologie, par Cotte. *Paris, Imp. roy.,* 1774,
in-4, v.

30. Mémoires sur la météorologie (pour servir de supplément),
par le P. Cotte. *Paris,* 1788, 2 vol. in-4, rel. (*Figures.*)

31. Méchanique analytique, par de La Grange. *Paris*, 1788, in-4, d.-rel.

32. Traité d'optique, par Smith, trad. de l'anglais. *Brest*, 1767, in-4, d.-rel. 67 planches.

33. Histoire et tactique des trois armes, par Favé. *Paris, Dumaine*, 1845, in-8, br.

En nombre :

34. Sédillot. Brochures sur les sciences chez les Orientaux et autres sujets ; vingt-quatre publications en nombre, formant un total de 1,100 brochures, quelques-unes avec planches.

---

35. Dictionnaire de l'Académie des Beaux-Arts. *Paris, Didot*, 1858-67, 6 livraisons gr. in-8, br. (*Figures.*)

36. Monuments de l'ère chrétienne, par Alb. Lenoir. *Paris, I. I.*, 1856, in-8, br.

37. Architecture monastique, par Albert Lenoir. *Paris, Imp. nat.*, 1852, in-4, br. fig.

38. Monographie de l'église N.-D. de Noyon, par Vitet. *Paris, Imp. roy.*, 1845, in-4, cart. n. rogn.

39. Nouvelles Règles pour le jeu de mail. *Paris*, 1717, in-12, v. br.

40. Studien zur Geschichte des Griechischen Alphabets, von Kirchhoff. *Berlin*, 1863, in-4, cartonné.

41. Dictionnaire français-berbère (dialecte d'Alger). *Paris, Imp. roy.*, 1844, gr. in-8, broché pap. fort.

42. Dictionnaire historique de la langue française, publié par l'Académie française. *Paris*, 1858, in-4, br. (*Tome Ier, en en 2 parties*).

43. Des Alphabets européens appliqués au sanscrit, par G. D. (Guerier de Dumast). *Nancy*, 1860, in-8, br.

44. Premier Mémoire sur le Sankhya, par Barthélemy Saint-Hilaire. *Paris, Didot*, 1852, in-4, br. 455 pages.
Tirage à part à petit nombre.

45. Fundgruben des Orients. — Mines de l'Orient, exploitées par une société d'amateurs. *Vienne*, 1809, 9 livraisons in-fol. br.

46. Comédies d'Aristophane, essai de traduction, par André Feuillemorte. *Paris*, 1864, 3 vol. in-12, br.

47. P. d'Ebulo carmen de motibus siculis et rebus inter Henr. VI et Tancredum, sæculo XII, gestis. *Basileæ*, 1746, in-4, br.

48. OEuvres diverses du sieur D***. *Paris, Barbin,* 1683, 2 part.
en 1 vol. in-12. v. br.

> Cette édition renferme, de plus que les précédentes, les Épîtres 6 à 9,
> la lettre à M. de Vivonne, les 5e et 6e chants du Lutrin, et les Remarques
> de M. Dacier sur Longin.

49. La Henriade travestie. *Amst.,* 1775, in-12, mar. r.

50. Mantic Uttair, ou le Langage des oiseaux, trad. du persan
de Farid Uttin Attar, par Garcin de Tassy. *Paris, Imp. imp.,*
1863, gr. in-8, br.

51. La Doctrine de l'amour, ou Tajulmulick et Barkawali,
roman, par Nihal Chand de Dehli, trad. de l'hindoustani, par
Garcin de Tassy. *Paris,* 1858, in-8, br.

> Tirage à part à petit nombre.

52. Solivan el Moto ossiano conforti politici di Ibn Zafer, ver-
sione italiana di Amari. *Firenze,* 1851, in-12, br.

53. Histoire du roman et de ses rapports avec l'histoire dans
l'antiquité grecque et latine, par Chassang. *Paris,* 1862,
in 12, br.

54. Semelion. Histoire véritable, 1715; — Histoire du prince
Apprius (par de Beauchamps). *Constantinople,* 1728.—2 parties en 1 vol. pet. in-12, rel. non rogné.

> Rare. La seconde partie porte des notes mss., probablement de l'auteur.

55. Contes fantastiques de Hoffmann, trad. par Egmont. *Paris,*
s.d., in-8, br.

56. Louis Veuillot. Le Lendemain de la victoire, 1850; — Pe-
tite Philosophie, 1849; — L'Esclave Vindex, 1849. — 3 vol.
in-12, cart.

57. Paul Féval. La Duchesse de Nemours. *Paris, Dentu,* 1865,
in-12, br. — Les Demoiselles de magasin. 1865. — Ens.
3 vol. in-12, br.

58. Ponson du Terrail. Les Nuits de la Maison dorée; — Les
Gandins; — Les Nuits du quartier Bréda. *Paris, Dentu,*
1865, 4 vol. in-12, br.

59. Le Maudit, par l'abbé ***. *Paris, Librairie internationale,*
1864, 3 vol. in-8, br.

60. Histoire de la querelle des anciens et des modernes, par
H. Rigault. *Paris, Hachette,* 1866, in-8, br.

61. Lettres inédites de Marc-Aurèle et de Fronton, trad. par
Arm. Cassan. *Paris,* 1830, 2 tom. en 1 vol. in-8, d.-rel. v,

62. Troisièmes Mélanges, par l'abbé de Lamennais. *Paris,*
1835, in-8, d.-rel. v. f.

63. Bulletin de la Société de géographie. *Paris, mai* 1865 à
déc. 1866, 19 n° in-8, br.

64. Le Livre des routes et des provinces d'Ibn Kordadbeh, texte arabe, et trad. par Barbier de Meynard. *Paris, I. I.,* 1865, in-8, br.

> Tiré à petit nombre.

65. Abulfedæ Arabiæ descriptio, ed. Rommel. *Gottingæ,* 1802, in-4, br.

66. Recherches sur l'origine et les migrations des principales tribus de l'Afrique septentrionale, par Carette. *Paris,* 1853, gr. in-8, br.

67. Description de la province de Tunis, par Pellissier. *Paris, Imp. imp.,* 1853, gr. in-8, br.

68. Étude sur la Kabylie, par Carette. *Paris,* 1848, 2 vol. gr. in-8, br.

69. Considérations géographiques sur l'histoire du Brésil, par d'Avezac. *Paris,* 1857, in-8, br.

70. Voyage à l'oasis de Thèbes et dans les déserts, par Caillaud. *Paris, Imp. r.,* 1821, in-fol. 120 pages de texte et 24 planches.

71. Voyage au Ouaday, par Ibn Omar-el-Tounsy, trad. de l'arabe par le Dr Perron. *Paris,* 1851, gr. in-8, br. et atlas.

72. Six Mois en Orient, par Bottu de Limas. *Lyon, Scheuring,* 1861, in-8, br. fig.

73. Wesselingii dissertatio Herodotea. *Traj. ad Rh.,* 1758, in-8, vél.

74. Thucydide, par Jules Girard. *Paris, Charpentier,* 1860, in-12, br.

75. Cantacuzène, homme d'État et historien. *Paris, Joubert,* 1845, in-8, br.

76. Fasti consulares capitolini, recensuit Laurent. *Altonæ,* 1833, in-8, br.

77. Rome au siècle d'Auguste, ou Voyage d'un Gaulois à Rome, par Dezobry. *Paris,* 1835, 4 vol. in-8, d.-rel. (*Figures.*)

> Rare.

78. Pline le Jeune, Panégyrique de Trajan, trad. par Burnouf. *Paris, Delalain,* 1845, in-12, d.-rel. v. f.

79. Map of british and roman Yorkshire, by Ch. Newton. 1 cart. in-fol. sur toile.

80. Des Dynasties égyptiennes, par Bovet. *Puris, Blaise,* 1830, in-8, br.

81. De la Civilisation. Venise, Raguse, par Eus. Salverte. *Paris,* 1835, in-8, br.

82. Les Croisades, par le marquis de Pastoret. *Paris, J. I.,* 1856, in-8. br.

83. Combi. Historia delle cose successe dal principio della guerra mossa da Selim Ottomano ai Venetiani. *Venetia,* 1645, in-4, v. br.

84. Rerum ab Arabibus in Italia insulisque adjacentibus, Sicilia, Sardinia et Corsica, gestarum commentarii, scripsit Wenrich. *Lipsiæ,* 1845, in-8, br.

85. Histoire des découvertes et conquêtes des Portugais dans le Nouveau Monde, par le P. Lafitau. *Paris,* 1733, 2 vol. in-4, rel. (*Figures.*)

86. Précis de l'histoire d'Espagne, trad. de l'espagnol d'Ascargota. *Paris,* 1823, 2 vol. in-8, d.-rel.

87. Schiller. Histoire de la guerre de Trente ans, trad. par la comtesse de Carlowitz. *Paris, Charpentier,* 1841, in-12, br.

88. Histoire de la Révolution grecque, par Al. Soutzo. *Paris, Didot,* 1829. in-8, d.-rel.

89. Le Pays basque, sa langue, ses mœurs, par Fr. Michel. *Paris,* 1857, in-8, br.

90. Mémoires d'histoire orientale, par Ch. Defrémery. *Paris,* 1854, in-8, br. (*Rare.*)

91. Collection orientale. — Histoire des Mongols de la Perse, écrite en persan par Raschid-ed-din, publiée et trad. par Et. Quatremère. *Paris, Imp. roy.,* 1836, in-fol. (*T. Ier, le seul publié.*)

92. Notice de l'ouvrage persan qui contient l'histoire des deux sultans Schah Rokh et Abou-Saïd, par Quatremère. *Paris, Imp. roy.,* 1843, in-4, br.

93. Description des monuments de Dehli en 1852, d'après le texte hindoustani de Saiyid Amad Khan, par Garcin de Tassy. *Paris, Imp. imp.,* 1861, in-8, br.

Tirage à part à 5o exemplaires.

94. Histoire des Berbères et des dynasties musulmanes de l'Afrique septentrionale, par Ibn Khaldoun (texte arabe), publié par le baron Mac Guckin de Slane. *Alger,* 1851, 2 vol. gr. in-4, br.

95. Abrégé chronologique de l'histoire des Mamlouks d'Égypte, par Delaporte. 1816, in-fol. br.

96. Histoire des relations politiques de la Chine avec les puissances occidentales, par Pauthier. *Paris, Didot,* 1859, in-8, br.

97. Bulletin du Comité de la langue, de l'histoire et des arts
de la France. *Paris,* 1853-60, 4 vol. en livraisons. (*Figures.*)
Le tome Ier est incomplet.

98. Galliæ antiquitates quædam selectæ, auth. Maffeio. *Parisiis,* 1733, in-4, br.

99. Documents historiques inédits tirés des collections mss.
de la Bibliothèque royale ou des archives des départements,
publiés par Champollion-Figeac. *Paris,* 1847, 4 vol. in-4, cart.

100. Histoire de l'administration en France, par Dareste de
la Chavanne. *Paris, Guillaumin,* 1848, **2 vol.** in-8, br.

101. Cartulaire de l'église Notre-Dame de Paris, publié par
Guérard. *Paris,* 1850, 4 vol. in-4, cartonnés, n. r.

102. Cartulaire de l'abbaye de Saint-Bertin. *Paris, Imp. roy,*
1841, in-4, cart.

103. Cartulaire de l'abbaye de Saint-Père de Chartres, publié
par Guérard. *Paris,* 1840, in-4, cart. tome Ier.

104. Recueil de monuments inédits de l'histoire du tiers
état, par Aug. Thierry. *Paris,* 1850, 3 vol. in-4, cartonnés.

105. Les Mérovingiens d'Aquitaine, essai historique et critique sur la charte d'Alaon, par Rabanis. *Paris,* 1856,
in-8, br.

106. Chronique du religieux de Saint-Denis, contenant le
règne de Charles VI, publiée et trad. par Bellaguet. *Paris,*
1840-1852, tomes 2 à 6, 5 vol. in-4, cartonnés.

107. Chronique des ducs de Normandie, par Benoît, trouvère
anglo-normand du XIIe siècle, publiée par Fr. Michel. *Paris,*
Imp. roy., 1836, 1 vol. in-4, cart. n. rogn.

108. Procès des Templiers, publié par Michelet. *Paris, Imp.*
roy., 1841, 2 vol. in-4, cart. n. rogn.

109. Chronique de Bertrand du Guesclin, par Cuvelier, trouvère du XIVe siècle, publiée par Charrière. *Paris, Didot,*
1839, 2 vol. in-4, cart. n. rognés.

110. Comptes de dépenses de la construction du château de
Gaillon, publiés par Deville. *Paris, Imp. nat.,* 1850, in-4, br.

111. Journal des états généraux de France, tenus à Tours en
1484 sous le règne de Charles VIII, rédigé en latin par Mas-
selin, publié et trad. par Bernier. *Paris, Imp. roy.,* 1835,
in-4. cart. n. rogn.

112. Procès-verbaux des états-généraux de 1593, recueillis
et publiés par Aug. Bernard. *Paris, Imp. roy.,* 1842, in-4,
cart.

113. Captivité de François I*, par Aimé-Champollion-Figeac. *Paris, Imp. roy.*, 1847, in-4, cartonné.

114. Négociations, lettres et pièces diverses relatives au règne de François II, par Louis Paris. *Paris, Imp. roy.*, 1841, in-4, cartonné.

115. Relation des ambassadeurs vénitiens sur les affaires de France au xvie siècle, recueillies et trad. par Tomaseo. *Paris, Imp. r.*, 1838, 2 vol. in-4, cartonnés.

116. Négociations diplomatiques entre la France et l'Autriche, durant les trente premières années du xvie siècle, publiées par Le Glay. *Paris, Imp. roy.*, 1845, 2 vol, in-4, cartonnés.

117. Négociations de la France dans le Levant, publiées par Charrière. *Paris*, 1848, 4 vol. in-4, cartonnés.

118. Lettres de rois, reines et autres personnages des cours de France et d'Angleterre depuis Louis VII jusqu'à Henri IV, publiées par Champollion-Figeac. *Paris, Imp. roy.*, 1839, 2 vol. in-4, cart. n. rogn.

119. Histoire du règne de Henri IV, par Poirson. *Paris, Louis Colas*, 1856, 2 tomes en 3 vol. in-8, br.

120. Recueil des lettres missives de Henri IV, publié par Berger de Xivrey. *Paris, Imp. roy.*, 1843-1858. 7 vol. in-4, cart. n. rogn.

121. Correspondance de H. d'Escoubleau de Sourdis, augmentée des lettres de Louis XIII et du card. de Richelieu. *Paris*, 1839, 3 vol. in-4, cart. n. rogn.

122. Lettres, instructions diplomatiques et papiers d'État du cardinal de Richelieu, recueillis et publiés par Avenel. *Paris, Imp. roy.*, 1853-63, 5 vol. in-4, cart. n. rogn.

123. Correspondance administrative sous le règne de Louis XIV, entre le cabinet du roi et les intendants des provinces. *Paris, Imp. nat.*, 1850-55, 4 vol. in-4, cart. n. rogn.

124. Essai sur l'étude de l'histoire en France au xixe siècle, par Ant. de Latour. *Paris, Joubert*, 1835, in-8, br.

125. Mémoires politiques et correspondances diplomatiques de J. de Maistre, publ. par Albert Blanc. *Paris*, 1858, in-8, br.

126. Mémoires historiques et politiques du règne de Louis XVI, par Soulavie. *Paris*, 1801, 6 vol. in-8, br.

127. Louis XVI et ses vertus, par l'abbé Proyart. *Paris*, 1808, 5 vol. in-8, d.-rel.

128. Histoire du règne de Louis XVI, par Droz. *Paris*, 1839, 2 vol. in-8, br.

129. Histoire de Marie-Antoinette, par André et Jules de Goncourt. *Paris, Didot*, 1863, in-12, br.

130. Essais historiques sur les causes et les effets de la révolution de France, par Beaulieu. *Paris*, 1801, 6 vol. in-8, rel.

131. Histoire de la Révolution de France, par deux amis de la liberté (par Kerverseau et Clave in). *Paris*, 1790, 15 vol. in-18, rel.

132. Histoire de la Révolution frança , par Lacretelle. *Paris*, 1821, 8 vol. in-8, rel. et br.

133. Esquisses historiques des principaux événements de la Révolution française, par Dulaure. *Paris*, 1825, 12 parties in-8, br. (*Figures.*)

134. Histoire de la Révolution française, par Mignet. *Paris, Baudouin*, 1833, 2 vol. in-8, br.

135. Histoire de la Révolution française, par Thiers. *Paris*, 1834, 10 vol. in-8, br. (*Figures.*)

136. Histoire parlementaire de la Révolution française, par Buchez et Roux. *Paris*, 1834, 40 vol. in-8, br.

137. Mémoires de Mme de Lamballe, publiés par M. Guénard. *Paris*, 1801, 4 t. en 2 vol. in-18, d.-rel. fig.

138. Mémoires de la duchesse de Lamballe. *Paris*, 1826, 2 vol. in-8, br.

139. La Vie et les Mémoires du général Dumouriez. *Paris*, 1823, 3 vol. in-8, d.-rel.

140. Mémoires de l'abbé Georgel. *Paris*, 1820, 6 vol. in-8, br.

141. Mélanges sur les révolutions, par Siéyès et autres. 1789, 2 vol. in-8, rel. (12 *pièces.*)

142. Lot d'environ 100 brochures sur la Révolution.

Calendrier de la République française. — Ordre de la fête du 10 août. — Affiches. — Tableau des ecclésiastiques qui ont prêté le serment civique et de ceux qui ne l'ont pas prêté, etc.

143. Mémoires de Sanson, pour servir à l'hist. de la Révolution française. *Paris*, 1830, 2 vol. in-8, d.-rel.

144. Mémoires d'un prêtre régicide. *Paris*, 1829, 2 vol. in-8, d.-rel.

145. Mémoires de Brissot. *Paris, Ladvocat*, 1830, 4 vol. in-8, br.

146. La Révolution telle qu'elle est, ou Correspondance inédite du comité de salut public. *Paris*, 1837, 2 vol. in-8, br.

147. Œuvres de Maximilien Robespierre. *Paris*, 1834, 2 vol. in-8, br.

148. Mémoires de Maximilien Robespierre. *Paris*, 1830, 2 vol. in-8, br.

149. Robespierre. Le Défenseur de la Constitution, 12 numéros. — Lettres à ses commettants ; 1er trimestre. 12 livraisons ; 2e trimestre, 10 livraisons. — Discours et rapports, 10 brochures.

150. Papiers inédits trouvés chez Robespierre, Saint-Just, Payan, etc. *Paris*, 1828, 3 vol. in-8, br. (*Fac-simile.*)

151. Plan de législation criminelle, par Marat. *Paris*, 1790, in-8, br. fig. — Acte d'accusation contre Marat. — Appel nominal. — 5 pièces in-8, br,

152. L'Ami du peuple, par Marat. 1790-1791, n°ᵖ 197 à 400, 4 part. in-8, rel. et br.

153. Liste générale et très-exacte des noms, qualités et demeures de tous les conspirateurs qui ont été condamnés par le tribunal révolutionnaire. *Paris*, *s.d.* 10 numéros in-8, br.
   Le n° 9 a un supplément.

154. Souvenirs, épisodes et portraits, par Ch. Nodier. *Paris*, 1831, 2 vol. in-8, br.

155. Huit plans de la ville de Paris, pour servir au traité de la police, par Delamarre, 8 planches in-fol. en 1 cahier.

156. Meillant sous Louis XII, par de Mortemart. *Paris, Didot*, 1851, in-8, br.

157. Revue archéologique. *Paris, Leleux*, 1846, 28 numéros divers. (*Fig.*)

158. Les Navires des anciens, par Leroy. *Paris*, 1783, in-8, br.

159. Gatterer. Abhandlung von Thracien. *Gottingen*, 1800, in-8, d.-rel. carte.

160. Dacien, aus den ueberresten des klassischen Altherthums, von Neigebaur. *Kronstadt*, 1851, in-8, br.

161. Die romischen Inschriften in Dacien, von Ackner und Muller. *Wien*, 1865, in-8, br.

162. Dissertatio et animadversiones ad nuper inventum Severæ martyris epitaphium. *Panormi*, 1734, in-fol. d.-rel. vél. (20 *planches.*)

163. Rocchi. Di un frammento d'iscrizione Forlivese restituita agli imperatori Caracalla e Geta. *S. l. n. a.*, in-4, br.

164. Minervini. L'antica lapide Napoletana di Tettia Casta, illustrata. *Napoli*, 1845, in-8, d.-rel.

165. Funfzehn romische Urkunden auf Erz und Stein, von Gottling. *Halle*, 1845, in-4, br.

166. Classis prætoriæ misenensis piæ vindicis Gordianæ Philippianæ monumenta quæ exstant, collecta a Garrucci. *Neapoli*, 1852, in-4, br.

167. Monumenta epigraphica tria, cura Ritschelii. *Berolini*, 1852, in-4, br.

168. Cavedoni. Cenni chronologici intorno alla data precisa dei rescritti imperiali di Trajano e di Adriano, risguardanti i Cristiani. *Modena*, 1855, in-8, d.-rel. c. de R.

169. I Segni delle lapidi latine volgarmente detti accenti, dissertazione del P. R. Garrucci. *Roma*, 1857, in-4, br.

170. Observations sur quelques fragments de poterie antique provenant d'Egypte et qui portent des inscriptions grecques, par Egger. *Paris, Imp. imp.*, 1857, in-4, br.

171. Ritschelius. In leges Viselliam, Antoniam, Corneliam, observationes epigraphicæ. *Berolini*, 1860. — Legis Rubriæ pars superstes. 1851. — Titulus Mummianus. 1852. — etc., 4 part. in-4, br. pl.

172. Quarante planches d'inscriptions. In-4, br.

173. Inscriptions chrétiennes de la Gaule, antérieures au viiiᵉ siècle, par Edm. Le Blant. *Paris, Imp. imp.*, 1856, t. Iᵉʳ, en 3 livr. 40 planches.

174. De Christianis monumentis IXΘYN exhibentibus epistola de Rossi ad J.-B. Pitra. *Parisiis, Didot*, 1855, gr. in-8, br.

175. Zur Statistik der romischen Provinzen, von Marquardt. *Leipzig*, 1854, in-4.

176. Essai sur la topographie du Latium, par Ern. Desjardins. *Paris*, 1854, in-4, br. (*Mouillures.*)

   Plan de la via Appia.

177. Monographie de la voie sacrée Eleusinienne, par Fr. Lenormant. *Paris*, 1864, in-8, t. Iᵉʳ en 6 livraisons.

   Tout ce qui a paru.

178. Di un sepolcreto etrusco scoperto presso Bologna, descrizione del conte Gozaddini, con appendice. *Bologna*, 1855, 2 part. in-4, br. 8 planches.

179. Intorno all'acquedotto ed alle terme di Bologna, memoria di Gozzadini. In-4, br.pl.

180. Descrizione del gran teatro Farnesiano di Parma, da Paolo Donali. *Parma*, 1817, in-8, d.-rel. fig.

181. Tiroli nel decennio, con la serie di antichi monumenti ritrovati, del dottor St. Viola. *Roma*, 1848, in-8, d.-rel. v. f.

182. La Stipe tributata alle divinatà delle acque Apollinari, scoperta di Minervini. *Roma*, 1852, in-4, br.

183. Dissertation sur l'emplacement du temple d'Auguste au confluent du Rhône et de la Saône, par Martin d'Aussigny. *Lyon*, 1848, gr. in-8, br.

184. Histoire des antiquités de la ville de Nismes, par Mesnard.*Nismes*, 1825, in-8, d.-rel. v.

185. On recent excavations and discoveries on the site of ancient Carthage, by Aug. Franks. *London*, 1860, in-4, br. (*Figures coloriées.*)

186. Di un Calendario runico, da Luigi Frati. *Bologna*, 1841, in-4, br. (8 *planches.*)

187. Illustrazione di un vaso antico di vetro, ritrovato in un sepolcro presso l'antica Populonia, da Sestini. *Firenze*, 1812, in-4, d.-rel. 3 pl.

188. Description des médailles et des antiquités du cabinet de l'abbé Greppo, par J. de Witte. *Paris*, 1856, gr. in-8, br.

189. Mémoire sur l'impératrice Salonine, par J. de Witte. *Bruxelles*, 1852, in-4, br.

190. Numismatique des nomes d'Egypte, par V. Langlois. *Paris*, 1852, in-4, br.

191. Description générale de Thèbes, contenant une exposition détaillée de l'état actuel de ses ruines, par Jollois et Devilliers. *Paris, Imp. imp.*, 1813, in-fol. br.

192. Recherches sur l'écriture cunéiforme assyrienne, par de Saulcy. *Paris*, 1848, in-4, br.

193. Biographie universelle. *Paris, Furne*, 1833, 6 tomes en 12 vol. in-8, br.

194. Essai sur la typographie, par Ambr. Firmin Didot. *Paris*, 1851, in-8, br.

195. Essai historique sur la Bibliothèque du roi, par Le Prince, nouvelle édition, par Louis Paris. *Paris*, 1856, in-12, br.

196. Operette bibliografiche del Cav. G. Molini, *Firenze*, in-8, br.

197. Archives des missions scientifiques et littéraires. *Paris, Imp. n.*, 1850-59, 8 vol. in-8, br.
    Collection complète.

198. Bulletin des comités historiques, *Paris, Imp. nat.*, 1850 à 1852, 17 part. in-8, br. (*Fig.*)

199. La Politique nouvelle, revue hebdomadaire. *Paris,* 1851, 3 vol. in-8, d.-rel.

200. Rapports de l'Institut sur les ouvrages admis au concours pour les prix décennaux. *Paris,* 1810, in-4 , br.

201. Recueil des discours, rapports et pièces diverses lus dans les séances de l'Académie française (1803 à 1859). *Paris,* 1847-1860, 8 vol. in-4, br.

> Plus le vol. de 1860 à 69. Ire partie.

202. Mémoires de l'Académie des sciences (t. XXXV). *Paris,* 1866, in-4, br. (*Planches.*)

203. Mémoires présentés par divers savants à l'Académie des sciences (t. 19e). *Paris, Imp. imp.,* 1865, in-4, br. (*Nombreuses planches.*)

204. Mémoires de l'Académie des sciences morales et politiques. *Paris,* 1815-1865 ; — 2e série, tomes I à VII et tome XI; — Savants étrangers, 2 vol. — Ensemble 15 vol. in-4 , cart. et br.

205. Histoire et mémoires de l'Académie des inscriptions et belles-lettres. *Paris, I. R.,* 1740, 32 vol. in-4, v.

206. Mémoires de l'Académie des inscriptions et belles-lettres. *Paris,* 1815 à 1866. Tomes I à XIX, plus XX, 2e partie; XXI, complet; XXIII, 2e partie, et XXV, 2e partie. — Ensemble, 32 volumes ou parties in-4 , cart. et br. (*Fig.*)

207. Mémoires présentés par divers savants à l'Académie des inscriptions et belles-lettres ; — Sujets divers d'érudition. *Paris,* 1844-1857, tomes I, II, V. — Ensemble, 3 vol. in-4 , br.

208. Mémoires présentés par divers savants à l'Académie des inscriptions et belles-lettres; — 2e série, Antiquités de la France. *Paris,* 1843-1865, tomes I, II et V, 2e partie.

> Le tome Ier renferme une description des antiquités romaines de Paris avec 23 planches.

209. Histoire littéraire de la France. *Paris,* 1817 à 1838, vol. XIV à XIX, 6 vol. in-4, brochés.

Paris. — Imprimerie de Ad. Lainé et J. Havard, rue des Saints-Pères, 19.